HISTOIRE

DE

SAINTE ESPÉRIE

Propriété réservée.

Toulouse, Impr. L. CASSAGNE et Cie, r. St-Denis, 4

Dotation des Orphelines,

APPROBATION

De Monseigneur GRIMARDIAS

ÉVÊQUE DE CAHORS.

Cahors, le 29 septembre 1871.

Mon Révérend Père.

Je vous remercie de l'envoi que vous m'avez fait de la *Vie de Sainte Espérie*, et j'y donne volontiers mon *approbation*. Dans cette époque de molesse et d'égoïsme, rien n'est plus utile que de retracer la vie des Saints qui ont aimé Dieu plus que tout et n'ont pas craint d'accepter les sacrifices que cet amour exigeait. — Vous avez donc eu une bonne pensée de chercher à faire mieux connaître et aimer la chère sainte dont s'honore mon diocèse, et j'espère que Dieu bénira votre œuvre.

Croyez à mes sentiments les plus dévoués.

† PIERRE, Évêque de Cahors.

A la Jeunesse chrétienne.

HISTOIRE

DE

SAINTE ESPÉRIE

VIERGE ET MARTYRE

Par le R. P. BAURENS

Missionnaire du Sacré-Cœur.

Spes mea in Deo est.
Toute mon espérance est en Dieu.
(Ps. 61. v. 8.)

TOULOUSE

Julie AVIGNON,	Adolphe REGNAULT,
Libraire,	Libraire,
Rue Croix-Baragnon, 17.	Rue des Balances, 28

1871

HISTOIRE
DE SAINTE ESPÉRIE
Vierge et Martyre

INTRODUCTION

> *Ædificaveris, virgo Israël.*
> On vous élèvera un monument, ô vierge d'Israël.
> (Jér. 3. v. 4.)

De siècle en siècle, nous voyons apparaître dans l'Eglise catholique, de nobles et grandes figures, d'illustres et saints modèles.

L'ancien et le nouveau monde, chaque état, chaque ville, presque chaque bourgade nous montrent des ancêtres dans la foi.

Ceux-ci pratiquèrent d'effrayantes mortifications, ceux-là s'enfoncèrent dans de profondes solitudes, d'autres versèrent leur sang pour Jésus-Christ, ou devinrent les héros de la vertu et de la charité.

Au cœur de la France, dans l'ancienne province d'Aquitaine et le vicomté de Turenne, à neuf lieues environ de Cahors, vers l'Orient, à une lieue de l'ancien monastère de Leime (1), autrement dit, Grâce, Lumière de Dieu ou du désert, sur le ruisseau de la Bave, non loin de Gintrac au confluent de la Sère et de la Dordogne, vous rencontrez, comme dans une gracieuse oasis, formée d'un côté par les montagne sombres et noirâtres du Ségala et du Caussé, et de l'autre par de riants côteaux, la jolie petite ville de Saint-Céré. Son origine est toute chrétienne. Elle s'éleva autour du sanctuaire bâti sur la crypte, qui renfermait les reliques de sa patronne Sainte Espérie. A l'Orient, on voit se dresser devant elle, comme des géants, au sommet d'une haute colline, les deux grandes tours de Saint-Laurent. C'est tout ce qui reste du vieux

---

(1) Autrefois monastère de religieuses de l'ordre de Citeaux, aujourd'hui asile d'aliénés.

château des Céré et des Turenne. Ces ruines servirent au temps de leur splendeur de berceau à la sainte. Elles furent les témoins de ses virginales vertus. En face, à l'Occident, serpente dans une capricieuse vallée le ruisseau Barbare, sur les bords duquel la jeune Vierge chercha un refuge hospitalier et consomma son glorieux martyre.

L'histoire de tous les saints est attachante. Il n'y en a pas de plus aimable que celle de sainte Espérie. De rares hagiographes s'en sont occupés. Sa vie ne s'est conservée, par tradition, que dans les lieux de sa naissance et de sa mort; on ne la connaît guère, passé l'horizon des pays d'alentour. Ce dessein de la Providence nous a frappé. Cette petite sainte si pure, si admirable, si héroïque est ignorée du monde. Il nous semble que le moment de la manifestation est venu. Nous sommes heureux d'apporter à cette œuvre notre modeste concours. Dans ce siècle corrompu et mécréant, la jeunesse a besoin de ce modèle. La lecture de cette vie pourra servir de remède à la dépravation des mœurs et à l'abaissement de la foi. Tout l'ordre social et religieux est basé sur ces deux fondements.

I

*Ab initio nativitatis investigabo.
etponamin lucem scientiam illius.*
Je commencerai à sa naissance et j
ferai connaître toutes ses vertus.
(Sag. 6. v. 24.)

Naissance et première éducation de Sainte Espérie. (1) — Son vœu de Virginité perpétuelle. — Elle mène une vie toute céleste.

C'était vers l'année 740. Les terres de la Haute-Aquitaine, couvertes de sombres forêts, laissaient voir seulement çà et là quelques villages et châteaux.

---

(1) On dit Spérie, Espérie ou Exupérie. Nous avons choisi Espérie, comme plus conforme au génie de la langue française. C'est la traduction de *Speria*, de même qu'espérance est la traduction de *Spes*.
Bolland. tom. 54, p. 120. Palmé, Paris 1868.

Deux personnages distingués, débris des anciennes familles romaines des Gaules, Cérénus et Blandine son épouse, habitaient le manoir de Saint-Céré, aujourd'hui les tours de Saint-Laurent.

Il est situé sur une plate-forme taillée de main d'homme dans la roche vive, et domine toute la contrée.

En ce moment, la barbarie des peuples celtiques et la civilisation des races latines cherchaient à s'unir. La religion catholique baptisait au nom du Christ et présidait à ces unions.

Dans le château des Céré, florissait l'élément chrétien. Les serfs et les seigneurs étudiaient la loi de Dieu et savaient l'accomplir.

Tous les bonheurs s'étaient donné rendez-vous dans cet asile de piété et de grâce.

Les bons châtelains reçurent du ciel deux enfants.

Ils devaient être les héritiers d'un grand nom et d'une grande fortune.

L'aîné fut un garçon, Clarus. On l'éleva, selon l'usage du temps, pour le métier des armes. Le second, fut une fille : c'est notre Sainte.

La naissance des grands hommes et des saints a été souvent marquée par des phénomènes divers, selon que la Providence les destinait à perfectionner ou à ravager le monde.

Nous ne savons rien de ce qui se passa sur le berceau de Sainte Espérie, si ce n'est que les signes de sa sainteté furent *une beauté angélique, un regard céleste.* Dès qu'elle parut sur la terre, on fonda sur elle de *grandes espérances ;* de là son nom de *Spérie* ou *Espérie.*

Le jour de son baptême, il y eut fête au vieux manoir.

L'entrée d'un enfant dans la vie a quelque chose de solennel. Tout le monde veut voir le nouveau-né.

Chacun cherche à deviner, *ce que sera plus tard le chrétien,* qui vient d'apparaître au milieu des hommes.

Les anciens du foyer bénissent Dieu. Le père et la mère sont dans l'allégresse. La famille tressaille. Les amis et les étrangers se réjouissent.

L'enfant commençait à bégayer, à former

les premiers pas. On entreprend l'œuvre de son éducation.

Pour mieux réussir dans ce difficile travail, ses parents s'adjoignent une pieuse gouvernante.

Comme la goutte de rosée, repose le matin d'un beau jour, sur le calice des fleurs, ainsi après le baptême la grâce repose dans le cœur des chrétiens. Il faut en développer le germe. Beaucoup de pères et de mères négligent ce devoir.

La jeune Espéric reçoit ce trésor au saint baptême. Jamais pierre précieuse ne fut mieux taillée, mieux polie, plus brillante.

En se levant, elle joignait ses petites mains pour prier. Avant de s'endormir, elle priait encore. Pendant la journée, on lui enseignait à lire le nom de Dieu sur ses ouvrages. Elle le reconnaissait à l'éclat de l'aurore, aux feux du midi, à la pourpre du soir. Elle le lisait sur les montagnes, dans les rochers, les pluies du ciel, l'horreur des tempêtes, dans le brin d'herbe, sur les grands arbres ou l'humble fleur. On lui apprenait à ne pas s'attacher à la beauté des vêtements, mais à la gloire intérieure de l'âme. Elle savait la loi divine dont la méditation mûrit la jeunesse. On l'initiait à l'Ecriture et ses ravissantes histoires. On la conduisait dans l'église de la paroisse et les monastères. Elle y entendait les chants sacrés. Elle aimait à contempler les cérémonies catholiques, à prier au milieu des saints mystères. Quand elle ne pouvait participer au culte public, elle répandait son âme devant le Seigneur, agenouillée dans l'oratoire de sa demeure

On lui avait inspiré une tendre dévotion envers la très sainte Vierge. Elle l'appelait sa mère du ciel.

Non loin de la seigneurie de ses ancêtres, les peuples des Gaules venaient déjà en foule vénérer, sous le roc de saint Amadour, une image miraculeuse de Marie.

Elle visitait sans doute souvent avec ses proches et les serfs de ses terres la Mère de Dieu et des hommes. Elle ne se contentait pas de lui offrir des présents et des fleurs ; elle lui offrait surtout ses vertus intérieures. Elle devait poétiser ce culte, en diminuer ses peines, en embellir ses joies.

Cependant la jeune chrétienne avait grandi. Son intelligence et son cœur s'étaient merveilleusement développés.

Elle était dans sa douxième année ; elle menait une vie plus parfaite. *Elle croissait en âge et en sagesse*, comme le divin Maître ; ses parents ne pouvaient se lasser de l'admirer.

Elle était belle comme un lis nouvellement éclos, à l'abri de l'autan, sous un brillant rayon de soleil, sur les pentes enchantées d'un frais vallon

Elle aimait Jésus avec plus d'ardeur. On la voyait verser à ses pieds des torrents de larmes. Un jour, (peut-être celui de sa première communion), pour ne plus se séparer de son bien-aimé, elle se consacre à lui par le vœu de virginité perpétuelle. Son amour pour le Créateur, la fait renoncer à l'amour des créatures.

Mais en présence des salutaires influences de la **grâce**, vinrent se placer les pernicieuses influences de la nature. Le monde, pour elle aussi, se montra l'antagoniste de la vertu.

Il y avait des fêtes au château qui appelaient dames et damoiselles, jeunes et vieux chevaliers. La musique, les danses, les chasses, les festins étaient l'ornement de ces réunions.

Riches atours, harmonieuses symphonies, ameublements somptueux, tout complotait pour inspirer à l'âme d'une jeune fille l'amour des plaisirs.

La jeune châtelaine voyait ces fêtes avec indifférence, comme nous regardons passer l'onde fugitive, des bords d'un ruisseau. Elle fuit et nous sommes immobiles.

Le regard d'Espérie fixé en Dieu, détournait son attention des choses du temps, pour la laisser aux choses éternelles. *L'amour de Jésus l'avait blessée au cœur.* Elle foulait aux pieds la terre, pour ne s'attacher qu'au ciel. Ses uniques délices étaient Dieu, Marie, la religion.

Tant de vertus, tant d'innocence, allaient bientôt être mises à de terribles épreuves.

La jeune Espérie était déjà *un fruit mûr, digne d'être recueilli dans les greniers célestes.*

I.

> *Contritio super contritionem.*
> Je lui enverrai épreuves sur épreuves.
>
> (Jér. 4. v. 20.)

La Sainte est privée de ses parents. — Elle console son frère. — Gouvernement admirable de sa maison. — Son courage, sa résignation, ses bonnes œuvres. — Elidius, cousin des deux orphelins, leur fait une guerre acharnée. — Prières et pacifique intervention d'Espérie. — Son impuissance. — Le Seigneur a ses vues.

La séparation par la mort est un des plus rudes coups auxquels le Seigneur soumette les hommes. On y est très sensible dans la jeunesse, moins vers le déclin de la vie. L'enfant privé des auteurs de ses jours, ressemble à une plante sans soutien.

Clarus et Espérie perdirent prématurément leur père et leur mère. Ils en ressentirent un profond chagrin.

Ces vertueux parents, avant de mourir, les avaient bénis, leur avaient recommandé l'union, la sagesse, leur avaient donné de sages conseils sur leurs affaires et les rapports avec les vassaux.

Le frère et la sœur, recueillirent avec un grand respect mêlé de tristesse, ces dernières paroles et bénédictions.

Ils accompagnèrent les dépouilles mortelles de leurs chers défunts au milieu des larmes et des sanglots de leurs proches, de leurs familiers, de leurs domestiques.

Clarus était au désespoir.

Il avait désormais, à soutenir la renommée des ancêtres et à surveiller un grand héritage.

Sa jeune sœur le consolait.

Elle lui montrait en Dieu, le père des orphelins.

Elle lui disait ; « Celui qui ne laisse pas
» mourir de faim les petits oiseaux, n'aban-
» donnera pas ses serviteurs. »

Elle lui rappelait *le lis des champs, que le Seigneur revêt de sa parure.*

Et le frère puisait du courage dans ses entretiens avec sa sœur bien-aimée.

Dès-lors, sainte Espérie, chrétiennement résignée aux grands malheurs qui venaient de la frapper, présidait à tous les soins de sa maison avec droiture et fermeté. Tout prospérait sous son gouvernement.

Elle aimait à dire au Seigneur : « Vous êtes mon père ; » à la Très Sainte Vierge : vous êtes ma mére. »

Elle travaillait, elle priait, elle parlait de Dieu avec sa gouvernante et ses compagnes.

Pendant que son frère, s'exerçait aux armes, elle s'occupait à pratiquer les œuvres de la foi et de la charité. Elle apportait des paroles de consolation, des vêtements, des douceurs aux malheureux. Sa pieuse mère l'avait initiée à tous ces secrets et à ces industries : elle continuait les saintes traditions des femmes de sa famille.

Ses bonnes œuvres embellissaient sa vie.

Les beaux spectacles ne sont pas créés, mais rendus visibles par le soleil.

Ainsi la jeune Espérie, illuminée par la lumière de Dieu, brillait d'une plus vive clarté aux yeux des anges et des hommes. *Sa beauté était surtout intérieure.*

Son courage n'avait pas été ébranlé par la mort de son père et de sa mère. Sa vertu y avait puisé une nouvelle vigueur. Elle allait être exposée à des peines plus cruelles encore.

Si le Seigneur n'était la bonté infinie, il nous paraîtrait impitoyable à l'égard des saints. Il ne l'est point. Seulement les hommes apprécient mal les desseins de la Providence. Notre Seigneur Jésus-Christ donne aux Saints ce qu'il s'est donné à lui-même, ce qu'il a donné à la Très Sainte Vierge. Il ne posséda qu'une croix et une couronne d'épines ; il ne peut pas laisser d'autre héritage à ses élus de l'humanité. *Le disciple n'est pas au dessus du maître, le sujet au dessus du prince.*

Clarus et Espérie avaient un cousin plus âgé qu'eux, nommé Ælidius.

Tandis qu'ils invoquaient le Très-Haut et adoraient le Christ, celui-ci méprisait la religon, outrageait la morale, méconnaissait tout devoir et se livrait à de sacrilèges et diaboliques superstitions.

C'était le Christianisme et la barbarie en présence.

Il était leur voisin ; il aurait dû être leur

protecteur, leur ami. Tout le contraire arriva.

Méchant et jaloux, Ælidius cherchait à porter préjudice aux orphelins, à les molester. Il profitait de leur faiblesse et de leur inexpérience, pour envahir leurs terres et répandre la désolation et la mort parmi leurs vassaux.

Il formait des ligues. Les seigneurs dont il était le suzerain s'unissaient à lui ; mais les seigneurs soumis à la suzeraineté du château des Cérénus n'abandonnaient pas les jeunes châtelains. Par suite de ces guerres, le pays était dévasté, les monastères pillés, les fermes incendiées, les hommes d'armes mettaient tout à feu et à sang.

Les femmes doivent, à l'honneur de leur sexe et de leur Foi, de remplir parmi nous le rôle de médiatrices, de se jeter entre les ennemis pour leur arracher le glaive. Celles qui se plaisent dans les discordes inspirent du dégoût et font horreur.

Sainte Espéric nous apparait toujours bonne, douce, charitable......

Ah ! si les chrétiennes de notre siècle pouvaient l'imiter !.... Elle seraient pour la société et les familles des anges de paix et de réconciliation.

Que de fois la jeune châtelaine, dans le secret de sa demeure, avait demandé au Seigneur de détourner de dessus sa maison et ses fidèles sujets tant de fléaux accumulés. Elle *implorait miséricorde et offrait sa vie pour les péchés de son peuple.*

Elle allait souvent vers son frère, le malheureux Clarus. Elle le suppliait de faire tous ses efforts, pour arriver à un arrangement. Celui-ci cédait alors aux supplications de sa sœur et envoyait proposer un armistice et des préliminaires de paix à son terrible rival.

Le farouche Ælidius ne voulait ni paix, ni trêve. Il rêvait l'anéantissement de la famille de ses cousins. Il entendait régner seul sur la contrée ravagée.

Villages, bourgs, châteaux étaient sans cesse sur la défensive. On y veillait nuit et jour pour ne pas se laisser surprendre et pour arrêter les incursions de l'ennemi.

Mais l'heure de la délivrance allait sonner.

Ces peuples fatigués de ces orgies seigneuriales, allaient enfin respirer. Notre jeune vierge a offert sa vie. L'Eternel l'a acceptée. Une sombre tragédie et un glorieux martyre vont terminer ces interminables querelles, ces épouvantables carnages.

III.

Erue à framea, Deus, animam meam et de viris sanguinum vitam meam.

O mon Dieu, délivrez mon âme du glaive et ma vie des hommes de sang.

(Ps. 21. v. 51.)

Ælidius entend parler de la beauté de sa cousine. — Il la demande en mariage et propose la paix à cette condition. — Clarus accepte. — Joie des peuples de la Haute-Aquitaine à cette nouvelle. — Sainte Espérie en est consternée. — Elle s'est promise à Dieu. — On l'a promise à Ælidius. — Par inspiration Divine, elle quitte sa demeure et va se cacher dans un affreux désert. — Sa fuite est heureuse. — Elle en remercie le ciel.

Ælidius avait entendu parler de la sœur de Clarus, et de son admirable beauté. Elle avait seize ans. Il conçut le projet de la demander en mariage.

Son cœur était en proie à la haine et à la passion, mais devant la passion la haine se taisait.

Il désirait et combattre et posséder sa belle cousine.

Cependant sa résolution fut prompte et énergique. Il appela son premier intendant et l'envoya vers Clarus demander la paix.

Ce serviteur de ses caprices hésita un instant. Cet ordre lui parut étrange, mais il fallait obéir.

Il part, arrive aux avant-postes, sonne du cor et demande à parlementer. Il est porteur d'un message du seigneur Ælidius pour le seigneur Clarus. On l'introduit.

Clarus étonné des propositions de son ennemi, les accepte avec empressement ; de suite on fixe le jour et le lieu des conférences où l'on décidera la paix ou la guerre.

Personne ne manque à la rencontre projetée. On rivalise de zèle et d'exactitude.

On avait préparé sur un terrain neutre une magnifique tente.

Les jeunes seigneurs arrivèrent précédés et suivis de leurs hommes, entourés de leurs nobles et féaux chevaliers.

Les trompettes sonnaient des airs pacifiques.

Bannières et fanions d'azur, d'or et de gueules s'agitaient et flottaient au vent.

Ces guerriers, acharnés hier les uns contre

les autres, étaient aujourd'hui disposés à s'entendre, à s'embrasser.

Ælidius fit ses propositions.

Il offrait à son cousin une alliance offensive et défensive, lui assurait la possession de toutes ses terres et châteaux, à la seule condition d'obtenir la main d'Espérie, sa sœur.

Tout le monde applaudit à la modération d'Ælidius. Les clercs rédigent le traité. On y appose les sceaux et l'on jure de ne le point violer.

Seigneurs et vassaux se séparent le cœur content.

On louait Dieu, *qui après la tempête, sait, quand il lui plaît, faire renaître le calme.*

Espérie attendait avec impatience le résultat des négociations.

On annonce son frère. Il se précipitent dans les bras l'un de l'autre.

Le jeune homme pleurait......

— Mais qu'avez-vous, disait sa sœur ?... Pourquoi êtes vous triste ?... Tout le monde paraît si heureux.... Les conditions sont-elles très dures ?...

— Oh ! non, mais il sagit !....

— De quoi s'agit-il ?....

— Il s'agit de vous, ma sœur. Je vous ai promise. Vous me pardonnerez d'avoir sacrifié votre repos au repos de nos peuples. Il faudra nous séparer. Ælidius demande votre main. Vous serez heureuse et puissante......

— Arrêtez, mon frère, arrêtez, dit la jeune fille effrayée, tremblante..... Vous m'avez promise ?.... et mon consentement !... Je ne voudrais rien vous refuser. Je vous demande deux jours de réflexion. Ecoutez... Nous allons consulter Dieu ensemble dans la prière. Séchez vos larmes. Elles affligeraient trop mon cœur. *Nous ferons* ensuite *selon la volonté de Dieu.*

La jeune fille se retira.

Toute la nuit elle soupirait, elle priait, elle interrogeait le ciel.

La paix qu'elle avait tant désirée était conclue, mais à quel prix !....

On lui demandait sa main, son cœur. Elle n'en était plus maîtresse. Elle avait tout donné à Jésus. Elle voudrait plaire à son frère, elle désire le bonheur de ses sujets, mais elle ne peut manquer à la parole donnée à Dieu.

Tout est préparé pour les noces. Elle ne sait que devenir.....

Il y avait dans le château une femme chrétienne et sage. C'était sa gouvernante, sa seconde mère.

Jamais elle n'avait pris une détermination importante sans la lui soumettre.

De grand matin, elle alla prendre son avis.

Ces deux âmes habituées à s'éclairer mutuellement se comprirent bientôt.

Il fallait tout sacrifier.

Il n'était pas difficile de reconnaître la volonté divine dans la résolution de l'angélique jeune fille.

Son regard de feu, le calme et l'assurance avec lesquels elle parlait, lui donnaient une autorité surhumaine.

—Allez, lui dit sa gouvernante, agissez selon votre inspiration. Le Seigneur vous bénira. *Il ne délaisse jamais ceux qui le cherchent et suivent de sages conseils.*

Et l'on régla les préparatifs du départ pour la nuit suivante.

Quelle nuit !.. C'était en automne. Le firmament avait voilé ses étoiles. L'obscurité était profonde. Le vent retenait son haleine. La bannière du château, les feuilles des arbres ne s'agitaient point. A peine on entendait de temps, en temps au milieu du silence, le cri du hibou et de l'orfrai !... Nuit sombre, mais tranquille.

Sainte Espérie avait changé les vêtements des jeunes personnes de sa condition contre ceux d'une servante.

Son cœur devait battre bien fort ; il devait saigner.

Les luttes du cœur sont terribles ; mais, avec le secours de la grâce, on en triomphe. Ces luttes, toutes les âmes passionnées les connaissent. Quel modèle que Sainte Espérie !...

O jeunesse chrétienne, *comprenez et instruizez-vous*.

Elle s'en allait chercher une caverne au milieu des bois et demander au désert une sauvegarde pour sa pudeur, un refuge contre l'amour des hommes, un asile pour l'amour de Jésus. Elle s'arrache à la somptueuse demeure de ses ancêtres, elle fuit le bonheur du monde pour aller peut-être vers le malheur et vers la mort !...mais, *Dieu le veut !*...

O nuit d'angoisses et de marches incertaines !...

Enfin les premières lueurs de l'aurore percèrent les nuages. On commençait à distinguer les arbres, les arbustes, les petites fleurs.

Les deux fugitives sont heureuses de leur délivrance.

Elles remercient la Providence, de les avoir jusques là préservées de tout danger.

Tandis que les oiseaux chantent sur leur tête, elles font à Dieu leur prière matinale.

Cependant le soleil avait paru, la chaleur était vive.

Elles erraient dans la forêt. Une soif dévorante brûlait leur poitrine.

Tout à coup, elles entendent un ruisseau qui murmure et s'y désaltèrent.

Instinctivement elles en cherchent la source et bientôt elles la découvrent.

Elle semblait jaillir des racines d'un grand chêne dont le feuillage s'étendait au loin et couvrait de son ombre un espace immense. Il était comme le roi de ce désert. Trois ou quatre hommes n'auraient pu de leurs bras entrelacés en entourer le tronc noueux. Mais, le temps, qui n'épargne rien, en avait creusé les flancs ; un être humain pouvait se réfugier dans son intérieur. C'était une cabane naturelle, que la

Providence offrait à la jeune sainte. Elle s'y prépare un lit de mousse et y serre sa pauvre nourriture.

La gouvernante s'en retourne. Elle devait garder le secret de ce qui s'était passé et lui apporter de temps en temps quelques provisions.

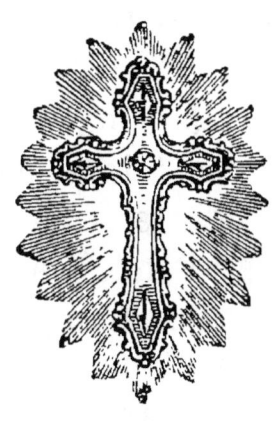

IV

Lilium convallium.
Le lis des vallées.
(Cant. 2. v. 1.)

Fugiens, mansi in solitudine.
J'ai fui et je suis demeurée dans la
solitude.
(Ps. 54. v. 8.)

Joies du désert et tentation.

Sainte Espérie était dans l'admiration de sa nouvelle demeure. Elle se sentait plus libre, priait avec plus de ferveur. Elle lavait son beau visage dans l'onde pure du ruisseau et s'y désaltérait. Les lianes dont les arbres et les rochers étaient tapissés, lui paraissaient plus belles que les étoffes suspendues aux murailles des palais des monarques. Elle voyait dans la nature le palais terrestre de l'homme, pour l'entretien et l'embellissement duquel la Providence daigne tous les jours travailler avec un soin et une perfection infinis. Elle s'assayait avec bonheur sur le gazon verdoyant.

Le vent, qui tantôt agitait doucement le feuillage, tantôt rugissait comme un lion furieux à travers les grands arbres, le chant des oiseaux, le bruissement de l'insecte, le son éclatant du tonnerre, toutes ces voix, simples ou solennelles, faibles ou puissantes, étaient pour elle la voix du Dieu bon et grand, terrible et miséricordieux. Elle soupirait après la prière, *comme le cerf altéré après la fontaine d'eau vive.* Elle se nourrissait de racines et de fruits sauvages. Son corps dépérissait tous les jours, mais les joies de l'extase soutenaient sa frêle existence et lui rendaient aimables les privations, les veilles, les insomnies, le délaissement, les croix, tant il est vrai, que quand on aime rien n'est pénible.

Oh ! comme son héroïque piété condamne la tiédeur de nos chrétiens modernes !....

Mais le ciel le plus pur a des taches, les journées les plus sereines ont leurs nuages.

Sainte Espérie eut ses mauvais jours au désert.

Le démon qui avait pu tenter Job sur son

fumier, obtint le pouvoir de tenter notre Sainte dans sa solitude.

Il emprunte les dehors séduisants d'une jeune fille et s'en vient la visiter comme par hasard.

Après avoir fait l'éloge de sa vertu, de son courage, il montre un grand désir de lui être utile.

Il vante ses ancêtres, la noblesse et la grandeur de sa maison, lui rappelle les malheurs de la dernière guerre, essaie de lui démontrer l'avantage qu'elle trouverait dans une union légitime avec son cousin.

Il fait un tableau magnifique de la puissance et des honneurs dont elle serait comblée, de la paix éternelle dont jouiraient ses peuples et du bonheur qu'elle aurait à voir de nombreux enfants grandir autour d'elle.

Le discours devient de plus en plus pressant, l'éloquence diabolique plus entraînante.

Soutenue par la grâce, Sainte Espérie reconnaît le piège de l'ennemi, *s'arme du signe de la croix* et met en fuite son méchant et rusé séducteur.

Que de fois la jeunesse est exposée à de semblables embûches ! Malheureusement l'incarnation du démon sur la terre n'est plus une légende aujourd'hui, c'est une réalité. Les conversations, les livres, les brochures, les romans, les théâtres, les réunions, la musique, tout cherche à séduire l'homme, à le pervertir, à le faire tomber: on ne se tient pas assez sur ses gardes, on manque de foi et de courage. Puissions-nous obtenir de Dieu par l'intercession de notre jeune héroïne, un peu de sa touchante et aimable vertu !.....

Après la guerre cachée viendra pour Sainte Espérie la guerre ouverte. *Il lui faudra résister jusqu'au sang* : elle résistera.

V

> *Justorum animæ in manu Dei sunt et non tanget illos tormentum mortis.*
>
> Les âmes des justes sont entre les mains de Dieu et le tourment de la mort ne les atteindra point.
>
> (Sag. 1, v. 1.)

La fuite de Sainte Espérie est connue au château. — Désolation de son frère. — Son cousin la réclame avec colère. — On la cherche dans la forêt de Leime. — On la retrouve. — Son martyre. — Miracles qui l'accompagnent. — La sainte glorifiée. — Les assassins punis.

Tandis que Sainte Espérie goûtait les solides joies de la piété au milieu des quelques tentations de sa solitude, que se passait-il au château des Cérénus et dans le cœur d'Ælidius? — Il n'est pas difficile de répondre à ces questions. On le devinerait, alors même que l'histoire serait muette.

Clarus n'ayant pas vu sa sœur depuis deux

jours, la chercha d'abord dans sa demeure, interrogea ses domestiques et ses hommes d'armes. Tout fut inutile.

Personne ne savait ce que la Sainte Enfant était devenue.

Mille pensées traversaient son esprit.

Il était plein de vénération pour sa sœur. Jamais elle ne lui avait causé la moindre peine.

La connaissait-il bien ?

Quand il lui avait proposé de se marier avec Ælidius, elle s'était troublée, elle avait rougi...

Etait-ce un effet de son exquise pudeur ou bien a-t-elle quelqu'autre affection?

Il comprenait sa répugnance à épouser un ennemi.....

Mais pourquoi ne pas s'en ouvrir à un frère bien-aimé ?

Avait-elle agi de la sorte par un motif humain ?

S'était-elle donné la mort au fond de quelque gorge inconnue?....

Avait-elle agi par inspiration divine ?

Etait-elle cachée au fond de quelque monastère?...

Toutes ces suppositions pouvaient être vraies.

Le jeune seigneur ne savait s'arrêter à aucune.

Il demandait au ciel et à la terre cette sœur si pure, si bonne, si tendre, si chrétienne. Il l'appelait nuit et jour. Il versait des torrents de larmes. Il prévoyait que la guerre allait se rallumer avec une fureur extrême. Il se représentait la colère de son implacable ennemi. Toutes ces appréhensions le bouleversaient.

En effet, semblable au lion du désert qui attend une proie assurée, Ælidius soupirait dans son vieux manoir après le jour ou le mariage le mettrait en possession de sa fiancée.

Il la poursuivait des rêves de son imagination. Elle lui apparaissait dans toute sa beauté, vêtue d'une robe blanche. Mais elle lui échappait, la cruelle!

Il s'impatientait ; désirait avoir des nouvelles de ses cousins. Personne ne lui en donnait.

Alors il se croyait méprisé. Mille pensées de vengeance assaillaient son esprit. Il rugissait et se tordait dans des accès de colère ; il jurait de passer son épée à travers le corps d'un rival plus heureux, ou bien de punir par une juste mort les dédains de l'ingrate.

A la fin, ne voyant rien venir, n'entendant

plus parler de rien, il monte à cheval, prend son plus fidèle écuyer, suit la rivière de la Bave et arrive au château des Céré.

Il envoie un message à son cousin pour lui demander raison de la foi jurée et le sommer de tenir ses promesses. S'il refuse, il lui propose de vider sur l'heure, ou au moment qu'il choisira, en un combat singulier, leur querelle en champ clos.

Clarus n'est pas surpris de cette sommation. Il s'empresse d'aller au-devant de la bête féroce qui le défie. Il est sûr de sa conscience. Il désire s'expliquer.

Cependant l'air calme et serein du jeune Clarus, ses franches explications sur la fuite de sa sœur apaisent son courroux. Ils s'arrêtent de concert à un moyen infaillible de retrouver la fugitive.

Clarus disait:

— Ma sœur n'est dans aucun monastère, ni dans aucune maison. Je l'ai fait chercher. Elle ne peut être que dans le désert qui couvre la vallée de la Bave, depuis notre château jusqu'à Leime. Il faut la poursuivre en cet endroit. Nous réussirons.

Ælidius approuve cette idée.

Mais il n'y a pas de temps à perdre.

On enveloppera la forêt d'hommes et de piqueurs ; on la battra dans tous les sens, rocher par rocher, buisson par buisson...

Nous touchons au terme de notre récit.

C'était le 12 Octobre 760.

Le frère et l'amant de Sainte Espérie ont réuni avant l'aube presque tous les hommes de leurs terres. Le pays est debout.

Montés sur leurs coursiers, les jeunes seigneurs président eux-mêmes à cette chasse d'un nouveau genre.

On dit que le serpent, quand il s'attache à une proie, l'entoure de son écaille, l'étouffe dans ses redoutables anneaux ; ainsi l'armée des deux cousins, enferme dans les replis de ses nombreuses phalanges, le désert refuge de la sainte victime. On le presse, on le fouille jusques dans ses plus inaccessibles retraites.

Il est midi. La chaleur est accablante. Tout le monde est dévoré par la faim et par la soif. On n'a rien découvert encore !...

Un soldat aperçoit un ruisseau formé par une source jaillissante. Il s'y désaltère. Un chêne gigantesque, aux rameaux touffus et vigoureux attire son attention. Une voix humaine semble soupirer dans ses flancs. Il en fait le tour. Il regarde à travers une ouverture béante. Une jeune fille lui apparaît dans ce tronc immense. Il approche avec précaution. Il a reconnu sous des habits vulgaires, malgré l'altération et la maigreur de son visage, il a reconnu sa jeune maîtresse, l'objet de leurs recherches. C'est la sœur de Clarus, la fiancée d'Ælidius. C'est la belle Espérie. Saisi de respect, le serviteur n'ose avancer, mais il sonne du cor pour appeler ses compagnons et ses maîtres.

La rage de Satan semblait devoir triompher !

Il espère que la Sainte succombera. Il compte sur l'intimidation, la mort. Vains calculs !.... *Les hommes peuvent tuer son corps, ils ne peuvent tuer son âme*

Espérie est découverte ! Tel est le cri que tous les chasseurs se transmettent l'un à l'autre avec la rapidité de l'éclair. Ce sont des transports de joie. Les plus heureux étaient Clarus et Ælidius. Les aveugles, ils ne savaient pas l'avenir !......

Il accourent en toute hâte vers le ruisseau et le chêne mytérieux.

Clarus arrive le premier.

Il appelle sa sœur. Il la supplie de sortir de sa cachette.

— Mais pourquoi avez-vous fui, lui dit-il ? Pourquoi vous soustraire à mon amour, à ma tendresse ? Que vous avais-je fait ? Vous ne pouvez refuser la main d'Ælidius. — Désirez vous de l'or, de belles terres, un palais, de riches vêtements ? Tout cela vous est préparé. — Quittez ces pauvres haillons et cette vie déshonorante et venez avec nous.. Vous serez puissante, heureuse et tranquille.....

Etonnée de ce qu'elle voit, de l'appareil qui l'environne et surprise par les paroles qu'elle vient d'entendre, la jeune Espérie répond modestement :

» Mon frère et mon cousin, je vous re-
» mercie de la sollicitude dont vous m'en-
» tourez. J'en suis touchée. Les propositions
» dont vous m'honorez sont séduisantes, mais
» mon choix est fait. Je me suis consacrée à
» Dieu. Les belles habitations des hommes
» ne sont rien à côté de l'humble habitation que
» le Seigneur m'a procurée dans cette aima-
» ble solitude. Le bruit de cette fontaine, le
» feuillage des arbres, le chant des oiseaux,
» la beauté du firmament, les fleurs cachées

» dans la mousse me sont plus précieux et
» plus chers que toutes les richesses de la
» terre. Ma nourriture est grossière, mais
» elle suffit à soutenir ma faible existence.
» Je méprise les riches vêtements. Je ne
» veux pas plaire aux créatures. Je n'ai
» qu'un désir, celui de plaire à mon Créateur.
» Ah ! si vous saviez le bonheur qu'on trouve
» à servir Dieu ! Loin de vouloir m'arracher
» à ma retraite, vous en chercheriez pour
» vous-même une plus profonde. Je vous
« l'affirme, *un jour passé en la compa-*
» *gnie du Roi du ciel, vaut mieux que mille*
» *sous les tentes des pécheurs !* »

Les vassaux avaient écouté avec émotion la jeune fille. Son frère était ébranlé. Ælidius insiste.

— Il lui fait les plus belles promesses et lui jure une affection éternelle. Il veut à tout prix triompher de ses résistances.

— Celle-ci le supplie d'agréer son refus. Elle ne peut revenir sur la parole donnée à Dieu.

Le malheureux n'entend rien, ne voit rien que sa passion.

Après les caresses et les supplications, il emploie les menaces

Espérie demeure inébranlable. Le *Seigneur la soutient*. Son cœur est fixé en Jésus son divin époux.

Mais la fureur du sauvage redouble.
— Vous m'insultez, disait-il à la sainte, en refusant ma main.— Je dois me venger, et s'il le faut, ce sera dans votre sang.

Il écume de rage, tire son épée, la brandit devant tous ses vassaux et ceux de Clarus autour de la tête de sa victime.

Elle priait et regardait le ciel.

Le bras du furieux est paralysé par une puissance surhumaine.

Elle continue à prier en demandant au Seigneur la grâce de mourir pour lui, pour la vertu.

Elle est exaucée.

Ælidius sent ses forces revenir.

Il s'élance de nouveau vers Espérie, transformée, divinisée, héroïque, la prend par les cheveux et d'un coup de sabre lui tranche la tête.

O crime!.... ô triomphe !.....

Le corps de la jeune enfant ne se roule pas dans son sang, comme le corps des autres mortels frappés du glaive. Mais, ô prodige ! on voit ce corps virginal recueillir entre ses mains sa tête rayonnante et la porter en présence du meurtrier et de ses hommes stupéfaits, jusqu'au lieu où le ruisseau, que depuis on a nommé *Barbare*, va rejoindre la Bave, à l'endroit même où s'élèvent aujourd'hui l'église et la ville de Saint-Céré. C'est ici que la tête et le corps s'inclinèrent doucement sur le gazon. La martyre s'endormit sur la terre, pour aller recevoir au ciel la *couronne et la palme de gloire* réservées aux héros chrétiens. Dieu la béatifie depuis des siècles. *Son sang est devenu une semence de foi, de civilisation, de grandeur*.

Combien est différent le sort des assassins !

A la vue des miracles dont nous venons de parler, effrayés de leur crime, ils se livrent au désespoir. Le sang innocent rejaillit sur leur front, pour le marquer d'une tache indélébile. Nouveaux Caïn, maudits de Dieu et des hommes, ils s'en vont errant de ville en ville, de forêt en forêt, poussant des cris et des gémissements affreux, sans trouver nulle part ni paix, ni repos. Enfin, comme la tradiion le raconte, Charlemagne ou Pépin-le-Bref, son père (1), s'empara de ces misérables et vengea par une punition capitale le forfait du barbare Ælidius et la complicité coupable de l'infortuné Clarus.

---

(1) D'autres disent Vaïfre, duc d'Aquitaine.
Vie. S, Spér. Param.

APPENDICE.

——>о<»——

> *Mirabilis Deus in sanctis suis.*
> Dieu est admirable dans ses saints.
> (Ps. 69. v. 36.)
>
> *Inspice et fac secundum exemplar.*
> Regardez et faites selon ce modèle.
> (Exod. 25. v. 40.)

Premiers honneurs rendus à la Sainte. — Ses historiens. — Ses reliques. — Son culte. — Ses miracles. — Nécessité de lire sa vie, d'implorer son intercession, d'imiter ses vertus.

Au milieu de la vaste et belle église de Saint-Céré, il y a une pierre tumulaire sous laquelle se trouve une crypte ou petite catacombe. Par un escalier de silex, on arrive à un autel. On voit en face, une source miraculeuse. Ce fut le premier sanctuaire dédié à Sainte Espérie. Il conserva ses restes pendant des siècles.

Les prodiges se multipliaient ; on construisit autour de sa chapelle quelques maisons; la forêt qui les environnait fut abattue, et ce lieu devint célèbre.

Les peuples des pays voisins et même des régions les plus éloignées s'y rendaient en foule. Cent ans plus tard, le culte de la Sainte était déjà florissant ; on avait bâti un temple en son honneur. Une ville s'éleva bientôt ; on l'appela d'abord, la ville de Sainte Espérie, et depuis, par corruption, Saint-Céré.

Ses historiens, ou mieux ses hagiographes, sont assez rares.

Nous citerons l'abbé Paramelle, *Vie de Sainte Espérie, Limoges* 1824. (1)

Ce travail n'est qu'une reproduction de

---

(1) L'abbé Paramelle, fameux hydrogéologue, devenu habitant de Saint-Céré, a voulu, en écrivant la vie de Sainte Espérie, payer un tribut d'hommage à la vierge martyre et propager son culte.

l'Histoire de Sainte Espérie Séréne, vierge et martyre, par Pierre Desley, Toulouse 1631. (1)

Nous avons ensuite les continuateurs des Bollandistes. (2) Ils ont puisé à des sources nombreuses.

C'est *Vidal*, auteur de la *Table chronologique des évêques de Cahors*. (3)

Il dit à la *colonne des Saints illustres du diocèse* :

Sainte Espérie, vierge martyre, souffrit une cruelle mort dans le désert, c'est-à-dire, vers *Leime*, environ l'an 760, et ses reliques sont conservées dans la ville de Saint-Céré.

Et à la *colonne des persécutions*, il dit encore :

— Ælidius, tyran cadurcien, trancha la tête de Sainte Espérie en l'année 760.

---

(1) Cette histoire est attribuée à M. de Pompignac, natif de Bretenoux, conseiller au Parlement de Toulouse.

(2) Cornelius Byëus, prêtre, continuateur des *Bollandistes*, tom. 54. pag. 120. Palmé, Paris. 1868.

(3) Professeur de l'Université de Cahors.

Claude Châtelain, (1) coopérateur des Bollandistes, auteur du *Martyrologe universel*, lui donne le titre de martyre, et place sa mort à la même époque, *le 12 Octobre*.

Henschenius, bollandiste distingué, auteur de la légende du *Breviaire de Cahors*, tenait tous les détails qui y son renfermés, d'Armand Gérard, chanoine de l'Eglise de Sarlat.

Celui-ci les a consignés dans un manuscrit conservé jusqu'à nos jours et composé l'an 1664. Il les recueillit de la bouche des habitants de Saint-Céré et en trouva la confirmation dans les hymnes, proses, leçons, répons, messe et office de l'église paroissiale de la ville. Il constate que l'anniversaire de la mort de Sainte Espéric est justement le 12 Octobre, jour auquel on célèbre sa fête. Sur le témoignage des mêmes habitants, il affirme que pendant longtemps on avait possédé les reliques de la Sainte dans la cité Sérène, mais qu'alors elles étaient honorées dans un lieu inconnu du diocèse de Limoges. Malheureusement elles étaient déjà perdues, d'après les Bollandistes.

---

(1) Claude Châtelain, chanoine de l'Eglise de Paris, mort en 1712, à 73 ans.

Ils apportent à l'appui de leur assertion, le texte suivant :

— On lit, *Bibliothèque des manuscrits du Père Labbe, tome 2, pag.* 287 : L'abbé Gaufredi assure dans ses chroniques, qu'on vénérait les reliques de Sainte Espérie avant le seizième siècle dans l'abbaye de l'*Esterp* ou l'*Eter*, de l'ordre de Saint Augustin, au diocèse de Limoges, avec celles de Sainte Gemme. Mais au seizième siècle, les Calvinistes, brûlant et dévastant tout ce qu'il y avait en France de plus sacré, s'en vinrent brûler l'église de cette abbaye. Dans cet incendie périrent les corps de Sainte Espérie Sérène, de Sainte Gemme, ainsi que celui de Saint Gauthier, fondateur du monastère.

Il ne reste donc plus des souvenirs de Sainte Espérie que son tombeau, le ruisseau auprès duquel elle eut la tête coupée, la source où elle la porta et l'emplacement de son berceau aux tours de Saint-Laurent ; mais ils sont précieux pour la piété.

Les tombeaux de Saint Amadour (Saint Zachée) à Rocamadour, de Sainte Radegonde à Poitiers, de Saint Paul Serge à Narbonne, ont été aussi dépouillés de leurs reliques par le fanatisme des hérétiques ou des révolutionnaires. Les populations n'en viennent pas moins à ces sépulcres vides demander des grâces à ces patrons aimés. Il en est de même de Sainte Espérie.

On puise dans sa fontaine *l'eau salutaire aux âmes et aux corps*. De grands miracles ont été opérés par son intercession.

Cependant, il est douloureux de constater que depuis longtemps le culte et la réputation de notre aimable Sainte ont diminué.

Peut-être que le Seigneur a permis cet oubli des âges passés, pour la glorifier davantage de nos jours.

La providence a ses vues et ses secrets. Nous les adorons.

Toutes les étoiles ne sont pas visibles le même jour et à la même heure dans le firmament. Quand le Maître de la création en a besoin, *il les appelle et elles se présentent*, nous dit l'Ecriture. Les Saints sont les étoiles du firmament de l'Eglise. Notre divin Maître les montre quand il lui plaît et à l'heure convenable.

Le moment nous semble bien choisi, pour offrir à notre siècle dégénéré, Sainte Espérie, douce, pure, héroïque, croyante. Dieu en décidera.

Oui ! son culte ne nous paraissait pas assez répandu, sa vie si pleine de poésie, son illustre martyre ne nous paraissaient pas assez connus. Nous avons écrit ce tout petit livre pour combler cette lacune. C'est une autre Agnès. Nous devons l'aimer, la prier, l'imiter. Nous la proposons comme exemple et comme patronne à tous les vrais chrétiens, surtout à la jeunesse, et aux jeunes filles en particulier. Le drame de son existence, nous pouvons le résumer en trois mots : foi, pureté, amour.

ACTE DE CONSÉCRATION

A

SAINTE ESPÉRIE

Grande Sainte Espérie, vous qu'une pureté angélique et un glorieux martyre ont rendue si agréable aux yeux de Dieu et si chère à la Reine des Vierges, je me mets spécialement sous votre protection, et je vous choisis aujourd'hui, à la face du ciel, en présence de la bienheureuse Vierge Marie et de toute la cour céleste, pour ma patronne et mon avocate auprès de Dieu; soyez, je vous en conjure, la gardienne de mon innocence, ma force et mon conseil dans les situations difficiles de la vie. O vous, qui êtes un modèle accompli de toutes les vertus, obtenez-moi la grâce d'imiter votre ferveur, votre pureté, votre modestie, votre courage et toutes les vertus que je dois pratiquer dans mon état. Daignez, grande Sainte, être l'ange tutélaire de mes jours et mon guide dans les voies du salut. Faites, ô mon aimable protectrice! que vous étant particulièrement devoué, par cette consécration que je vous fais de moi même, j'éprouve les effets de votre protection spéciale pendant tout le cours de ma vie, et surtout à ce terrible moment, qui décidera de mon éternité.

Aînsi soit-il.

LITANIÆ

In honorem Sanctæ Speriæ.

Kyrie, eleison.
Christe, eleison.
Kyrie, eleison.
Pater, de Cœlis Deus, miserere nobis.
Fili, redemptor mundi Deus, miserere nobis.
Spiritus Sancte Deus, miserere nobis.
Sancta Trinitas, unus Deus, miserere nobis.
Sancta Speria, filia Mariæ virginis, ora pro nobis.
Sancta Speria, Jesu ab incunabulis consecrata,
Sancta Speria, Angele pietatis,
Sancta Speria, Angele puritatis,
Sancta Speria, Angele caritatis,
Sancta Speria, Speculum innocentiæ,
Sancta Speria, Speculum modestiæ,
Sancta Speria, Amica orationis,
Sancta Speria, Exemplar juventutis,
Sancta Speria, Exemplar obedientiæ,
Sancta Speria, Exemplar prudentiæ,
Sancta Speria, Exemplar fortitudinis,
Sancta Speria, plena fide,

Ora pro nobis.

Sancta Speria, plena bonitate,
Sancta Speria, Inimica bellorum,
Sancta Speria, Inimica voluptatis,
Sancta Speria, Ornamentum solitudinis,
Sancta Speria, cupida privationum,
Sancta Speria, contemptrix divitiarum,
Sancta Speria, sitiens dolorum,
Sancta Speria, ad servandam virginitatem caput suum offerens,
Sancta Speria, ex hac vita glorificata,
Sancta Speria, manibus caput suum gestans in testimonium virtutis,
Sancta Speria, post mortem miraculorum privilegio illustris,
Sancta Speria, inferno terribillis,
Sancta Speria, victrix seductionum tyrannii Ælidii,
Sancta Speria, pulchior camporum liliis,
Sancta Speria, Patrona specialis christianarum virginum.

Ora pro nobis.

Agnus Dei, qui tollis peccata mundi, miserere nobis, Domine.
Agnus Dei, qui tollis peccata mundi, exaudi nos, Domine.
Agnus Dei, qui tollis peccata mundi, parce nobis, Domine.
Christe, audi nos.
Christe, exaudi nos.

℣ Ora pro nobis, Sancta Speria;

℟ Ut digni efficiamur promissionibus Christi.

OREMUS.

Omnipotens sempiterne Deus, qui flammam tuæ dilectionis in corde beatæ Speriæ virginis et martyris tuæ accendisti ; da mentibus nostris eamdem fidei, spei et charitatis virtutem : ut cujus gaudemus triumphis, proficiamus exemplis : Per Dominum Nostrum Jesum Christum Filium tuum, qui tecum vivit et regnat, in unitate Spiritus sancti Deus, per omnia sæcula sæculorum. Amen.

LITANIES

En l'honneur de Sainte Espérie.

Seigneur, ayez pitié de nous.
Jésus-Christ, ayez pitié de nous.
Seigneur, ayez pitié de nous.
Père Céleste, qui êtes Dieu, ayez pitié de nous.
Fils Rédempteur du monde, qui êtes Dieu, ayez pitié de nous.
Esprit-Saint, qui êtes Dieu, ayez pitié de nous.
Trinité sainte, qui êtes un seul Dieu, ayez pitié de nous
Sainte Espérie, Fille de la Vierge Marie,
Sainte Espérie, consacrée à Jésus dès le berceau,
Sainte Espérie, Ange de piété,
Sainte Espérie, Ange de pureté,
Sainte Espérie, Ange de charité,
Sainte Espérie, Miroir d'innocence,
Sainte Espérie, Miroir de modestie,
Sainte Espérie, Amie de la prière,
Sainte Espérie, Modèle de la jeunesse,
Sainte Espérie, Modèle d'obéissance,
Sainte Espérie, Modèle de prudence,

Priez pour nous.

Sainte Espérie, Modèle de courage,
Sainte Espérie, remplie de foi,
Sainte Espérie, remplie de bonté,
Sainte Espérie, Ennemie des guerres,
Sainte Espérie, Ennemie du plaisir,
Sainte Espérie, Ornement du désert,
Sainte Espérie, avide de privations,
Sainte Espérie, méprisant les richesses,
Sainte Espérie, heureuse de souffrir,
Sainte Espérie, aimant mieux donner sa tête que manquer à son vœu de virginité,
Sainte Espérie, glorifiée dès cette vie,
Sainte Espérie, portant sa tête entre ses mains en témoignage de sa vertu,
Sainte Espérie, gratifiée du don des miracles après sa mort,
Sainte Espérie, redoutable à l'enfer,
Sainte Espérie, victorieuse des séductions du tyran Ælidius,
Sainte Espérie, plus belle que le lis des champs
Sainte Espérie, Patronne spéciale des vierges chrétiennes,

Priez pour nous.

Agneau de Dieu, qui effacez les péchés du monde, pardonnez-nous, Seigneur.
Agneau de Dieu, qui effacez les péchés du monde, exaucez-nous, Seigneur.
Agneau de Dieu, qui effacez les péchés du monde, ayez pitié de nous, Seigneur.
Christ, écoutez-nous.
Christ, exaucez-nous.
℣ Priez pour nous, Sainte Espérie ;
℟ Afin que nous soyons dignes des promesses de Notre-Seigneur Jésus-Christ.

ORAISON

Dieu éternel et tout puissant, qui avez allumé dans le cœur de sainte Esperie, Vierge et Martyre, la flamme de votre amour, enrichissez nos âmes de la vertu de sa foi, de son espérance et de sa charité, afin qu'en nous réjouissant de ses triomphes, nous profitions de ses exemples : par Notre-Seigneur Jésus-Christ, votre Fils, qui étant Dieu, vit et règne avec vous en l'unité du Saint-Esprit dans les siècles des siècles.

Ainsi-soit-il.

TABLE DES MATIÈRES

INTRODUCTION 7

I. — Naissance, — première éducation de Sainte Espérie. — Son vœu de virginité perpétuelle. — Elle mène une vie toute céleste. 10

II. — La Sainte est privée de ses parents. — Elle console son frère. — Gouvernement admirable de sa maison. — Son courage, sa résignation, ses bonnes œuvres. — Ælidius, cousin des deux orphelins, leur fait une guerre acharnée. — Prières et pacifique intervention d'Espérie. — Son impuissance. — Le Seigneur a ses vues...................... 17

III. — Ælidius entend parler de la beauté de sa cousine. — Il la demande en mariage et propose la paix à cette condition. — Clarus accepte. — Joie des peuples de la Haute-Aquitaine à cette nouvelle. — Sainte Espérie en est consternée. — Elle s'est promise à Dieu. — On l'a promise à Ælidius. — Par

— 64 —

inspiration divine, elle quitte sa demeure et va se cacher dans un désert. — Sa fuite est heureuse. — Elle en remercie le ciel.

IV. — Joies du désert et tentation..........

V. — La fuite de Sainte Espérie est connue au château. — Désolation de son frère. — Son cousin la réclame avec colère. — On la cherche dans la forêt de *Leime*. — On la retrouve. Son martyre. — Miracles qui l'accompagnent. — La Sainte glorifiée. — Les assassins punis.

Appendice. — Premiers honneurs rendus à la Sainte. — Ses historiens. — Ses reliques. — Son culte. — Ses miracles. — Nécessité de lire sa vie, d'implorer son intercession, d'imiter ses vertus..........................

Acte de consécration à Sainte Espérie......

Litanies de Sainte Espérie..................

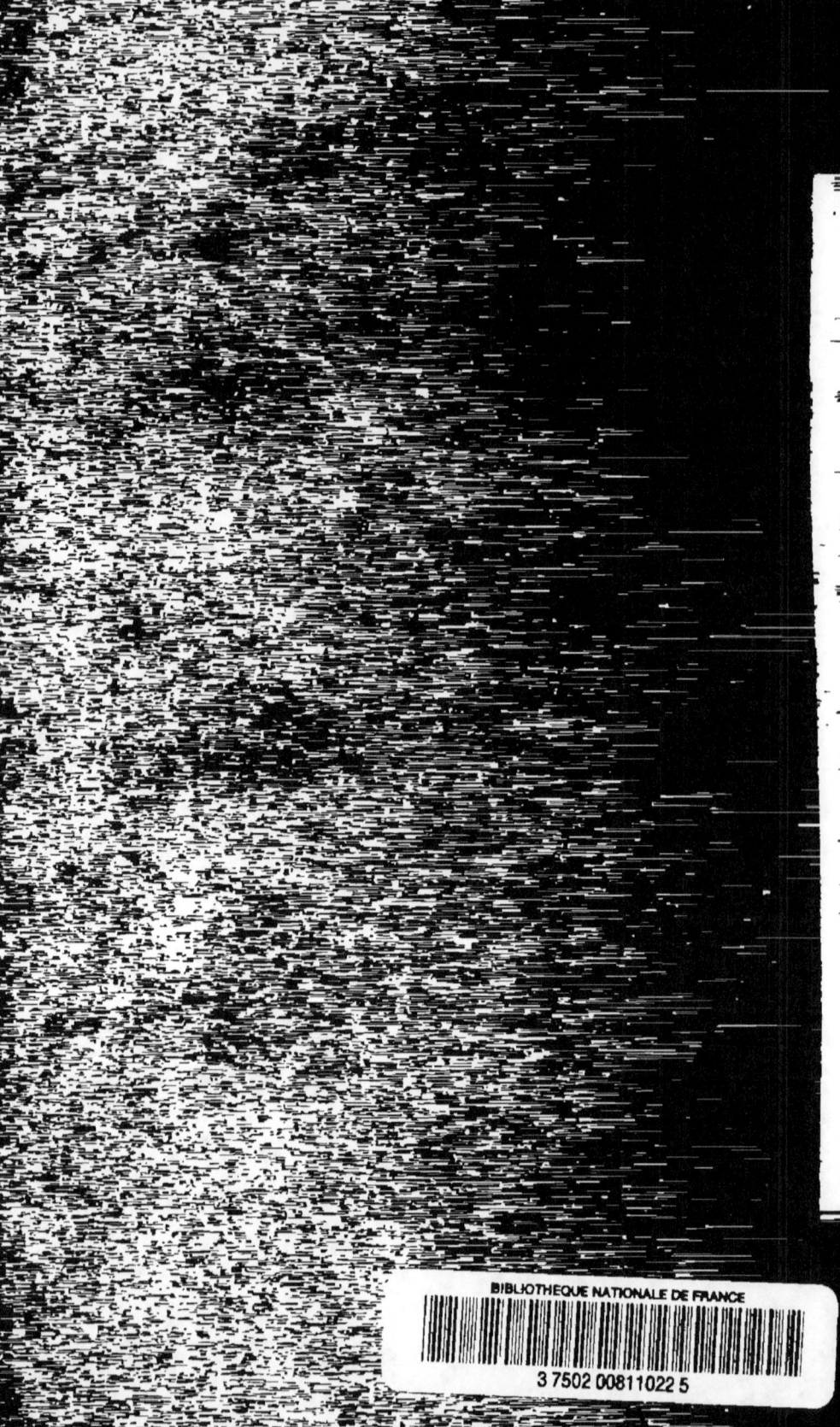

www.ingramcontent.com/pod-product-compliance
Lightning Source LLC
LaVergne TN
LVHW051507090426
835512LV00010B/2402